M. SIMON

CORRIGÉ DES DEVOIRS

DU

COURS ÉLÉMENTAIRE THÉORIQUE ET PRATIQUE

DES

PRINCIPES DE LA MUSIQUE

SECOND LIVRE

Prix net : 1 50 centimes

PARIS

MACKAR & NOËL
EDITEURS
12, RUE DE LA CHAUSSÉE D'ANTIN

1897

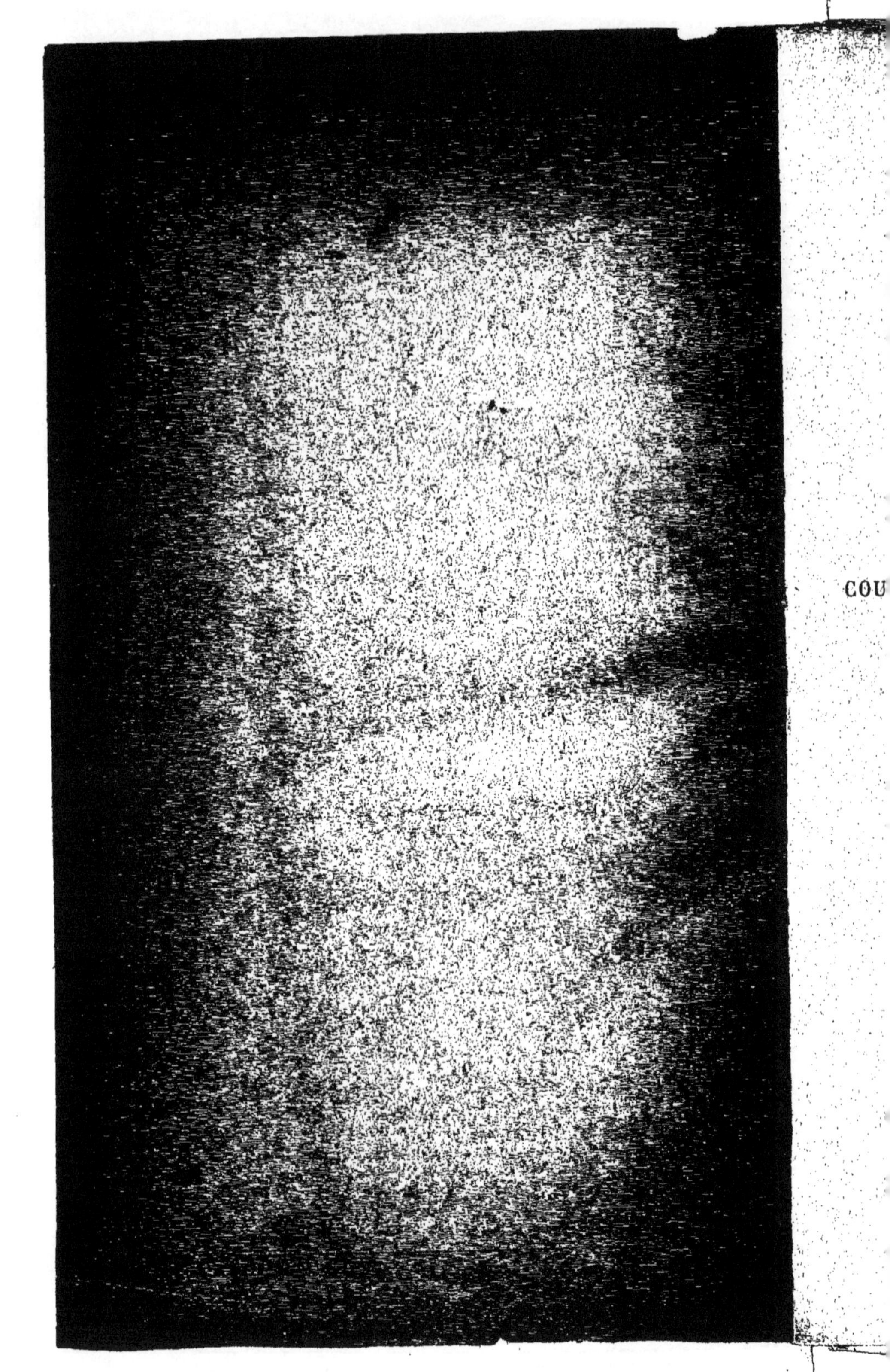

CORRIGÉ DES DEVOIRS

DU

COURS ÉLÉMENTAIRE THÉORIQUE ET PRATIQUE

DES

PRINCIPES DE LA MUSIQUE

———

SECOND LIVRE

M. SIMON

CORRIGÉ DES DEVOIRS

DU

COURS ÉLÉMENTAIRE THÉORIQUE ET PRATIQUE

DES

PRINCIPES DE LA MUSIQUE

SECOND LIVRE

Prix net : 50 centimes

PARIS

MACKAR & NOËL

ÉDITEURS-COMMISSIONNAIRES

22, PASSAGE DES PANORAMAS, 22

1890

M. N. 972-B.

CORRIGÉ DES DEVOIRS

DU COURS ÉLÉMENTAIRE THÉORIQUE ET PRATIQUE

DES

PRINCIPES DE LA MUSIQUE

INTRODUCTION

LA MUSIQUE. — LES SONS MUSICAUX

1. La musique.

2. Par des voix ou par des instruments.

3. Celle qui est produite par des voix. — Celle qui est produite par des instruments.

4. En trois parties : le grave, le médium et l'aigu.

5. La partie du milieu, se trouvant entre le grave et l'aigu.

6. De quatre manières : par l'intonation, la durée, le timbre et l'intensité.

7. Par le timbre et par l'intensité.

8. Une mélodie.

CHAPITRE PREMIER

INTONATION

9. L'intonation, la durée et l'intensité des sons.

10. Sur la portée.

11. Celle du haut.

12. Celui qui est compris entre la première et la deuxième ligne.

13. Quatrième interligne.

14. Onze.

15. Au-dessus et au-dessous de la portée.

16. Elles servent à augmenter l'étendue de la portée.

17. Au-dessus ou au-dessous des notes, selon qu'elle indique leur élévation ou leur abaissement.

18. Sept : **Ut** ou **Do, Ré, Mi, Fa, Sol, La, Si.**

19. A élever ou à abaisser l'intonation des notes naturelles.

20. Une altération qui élève l'intonation de la note d'un demi-ton chromatique.

21. Une altération qui abaisse l'intonation de la note de deux demi-tons chromatiques.

22. **Fa, Do, Sol, Ré, La, Mi, Si.**

23. **Si, Mi, La, Ré, Sol, Do, Fa.**

24. **Si.**

25. **Si.**

26. Oui, devant les notes et à l'armature.

27. A l'armature.

28. Oui, le x et le ♭♭.

29. Il ramène, à son état naturel, une note précédemment altérée.

30. A faire connaître le nom des notes et leur place dans l'échelle musicale.

31. Sept : deux 𝄢, quatre 𝄡 et une 𝄞 —

32. La cinquième ligne.

33. Quatre.

34. Au-dessus de la 𝄢:³ᵉ: la quatrième et la cinquième ligne; au-dessus de la 𝄢:⁴ᶜ: la cinquième ligne.

35. Deux : la 𝄢:³ᵉ et la 𝄡³ᵉ —

36. La 𝄞²ᶜ et la 𝄢:⁴ᶜ —

37. **Fa.**

38. La 𝄢: —

CHAPITRE II

DURÉE

39. Des sons et des durées.

40. Sept : la ○, la ◗, la ♩, la ♪, la ♪, la ♫ et la ♫ —

41. La ♫ —

42. Le quart.

43. Quatre.

44. Une.

45. Trois.

46. Seize.

47. Quatre.

48. Une.

49. Seize.

50. L'interruption plus ou moins longue des sons.

51. Sept : la —, la —, le 𝄽, le 𝄾, le 𝄿, le 𝄿 et le 𝅀 —

52. Le 𝅀 —

53. A la — —

54. Par un 𝄾 —

55. Par une — —

56. Le 𝄽 —

57. Quatre.

58. Deux.

59. La — —

60. Le bâton de quatre pauses indique le silence de quatre mesures et celui de deux pauses indique le silence de deux mesures.

61. Pas plus de trois selon l'usage.

62. Le quart de la note ou du silence.

63. Les bâtons de pauses, la pause, la demi-pause et le soupir.

64.  —

65.  —

66. Douze.

67. 𝄾 𝄿 𝅀 —

68. Sept.

69. L'adjonction de la valeur de la deuxième note à celle de la première.

70. Non ; toute note liée doit être d'une valeur égale à celle de la note précédente, ou d'une valeur moindre.

71. Dans le temps que dureraient deux notes ordinaires de même figure que celles dont il est formé.

72. Trois.

73. La  —

74.  —

75.  —

76.  —

77. De trois en trois notes.

78. Le sextolet a la durée de quatre notes ordinaires de même figure que celles dont il est formé.

79. Six.

80. La —

81.  —

82. Au-dessus de la portée, au commencement du morceau.

83. Lent, à l'aise.

84. Sa durée est indéterminée.

CHAPITRE III

INTENSITE

85. A l'intensité.

86. Par des termes italiens et par des soufflets.

87. Non, il n'y a que le soufflet.

88. Au moyen de signes, tels que le point, le point allongé, la liaison, etc.; puis aussi par des termes italiens tels que : marcato, sforzando, etc.

89. Oui. Ex :

90. Oui, des termes italiens indiquent aussi certaines accentuations.

CHAPITRE IV

MESURE

91. La mesure.

92. Elles séparent les mesures les unes des autres.

93. *a.* Huit. -- *b.* Quatre.

94. *a.* Quatre. — *b.* Seize. — *c.* Deux.

95. En deux, trois et quatre parties appelées temps.

96. Le premier en bas, le dernier en haut.

97. Les mesures à deux et à trois temps.

98. *a.* Le deuxième et le quatrième. — *b.* Le deuxième et le troisième. — *c.* Le deuxième.

99. Non, il n'y a que la mesure à quatre temps.

100. Oui, les temps ternaires ont deux parties faibles.

101. La 𝅝, la 𝅗𝅥, la ♩, la ♪, la 𝅘𝅥𝅯 —

102. $\frac{2}{1}$: deux 𝅝 — 4 : quatre 𝅗𝅥 — $\frac{3}{8}$: trois ♪ —
$\frac{4}{2}$: quatre 𝅗𝅥 — 2 : deux 𝅗𝅥 — $\frac{6}{4}$: six ♩ — 3 : trois ♩ —
$\frac{12}{2}$: douze 𝅗𝅥 — $\frac{4}{1}$: quatre 𝅝 — **C** : quatre ♩ — **₵** deux 𝅗𝅥 —

103. — **C** — **₵** —

104. 2, 3, 4.

105. Trois : à $\frac{2}{4}$, $\frac{3}{4}$ et $\frac{4}{4}$. — Quelquefois aussi à $\frac{2}{2}$ et à $\frac{3}{8}$.

106. La ♩ —

107. $\frac{3}{1}$.

108. $\frac{2}{8}$, $\frac{3}{8}$, $\frac{4}{8}$.

109. La 𝅝. —

110. $\frac{4}{2}$.

111.

MESURES À 2 TEMPS.		MESURES À 3 TEMPS.		MESURES À 4 TEMPS.	
$\frac{2}{1}$	𝅝 𝅝 ǀ 𝅝	$\frac{3}{1}$	𝅝 𝅝 𝅝 ǀ 𝅝	$\frac{4}{1}$	𝅝 𝅝 𝅝 𝅝 ǀ 𝅝
₵ $\frac{2}{2}$ 2	𝅗𝅥 𝅗𝅥 ǀ 𝅗𝅥	$\frac{3}{2}$	𝅗𝅥 𝅗𝅥 𝅗𝅥 ǀ 𝅗𝅥	$\frac{4}{2}$	𝅗𝅥 𝅗𝅥 𝅗𝅥 𝅗𝅥 ǀ 𝅗𝅥
$\frac{2}{4}$	♩ ♩ ǀ ♩	$\frac{3}{4}$ 3	♩ ♩ ♩ ǀ ♩	**C** $\frac{4}{4}$ 4	♩ ♩ ♩ ♩ ǀ ♩
$\frac{2}{8}$	♪ ♪ ǀ ♪	$\frac{3}{8}$	♪ ♪ ♪ ǀ ♪	$\frac{4}{8}$	♪ ♪ ♪ ♪ ǀ ♪

112. Une mesure simple à deux temps, ayant une ♪ comme unité de temps.

113. A quatre temps.

114. Six.

115. *a.* Seize. — *b.* Quatre. — *c.* Quatre.

116. 6, 9, 12.

117. Trois : à $\frac{6}{8}$, $\frac{9}{8}$ et $\frac{12}{8}$. — Quelquefois aussi à $\frac{6}{4}$ et à $\frac{9}{16}$.

118. La ♩. —

119. $\frac{9}{2}$.

120. $\frac{6}{16}$, $\frac{9}{16}$, $\frac{12}{16}$.

121. La 𝅝. —

122. $\frac{12}{4}$.

123.

MESURES À 2 TEMPS	MESURES À 3 TEMPS	MESURES À 4 TEMPS
$\frac{6}{2}$	$\frac{9}{2}$	$\frac{12}{2}$
$\frac{6}{4}$	$\frac{9}{4}$	$\frac{12}{4}$
$\frac{6}{8}$	$\frac{9}{8}$	$\frac{12}{8}$
$\frac{6}{16}$	$\frac{9}{16}$	$\frac{12}{16}$

124. Une mesure composée à deux temps, ayant une ♩. comme unité de temps.

125. A quatre temps.

126. Douze.

127. Vingt-quatre.

128. $\left\{\begin{array}{l}\dfrac{2}{1}, \\ 1/4 \text{ de temps};\end{array}\right.$ $\left\{\begin{array}{l}\dfrac{6}{8}, \\ 2/3 \text{ de temps};\end{array}\right.$ $\left\{\begin{array}{l}\dfrac{4}{2}, \\ 1/2 \text{ temps};\end{array}\right.$ $\left\{\begin{array}{l}\dfrac{3}{8}, \\ 2 \text{ temps}.\end{array}\right.$

129. La mesure à $\dfrac{9}{16}$.

130. La mesure à $\dfrac{2}{2}$.

131. La mesure à $\dfrac{9}{16}$.

132. $\dfrac{2}{4}$, $\dfrac{3}{4}$ et $\dfrac{4}{4}$.

133. *a.* ▬ — *b.* ▬▬▬ — *c.* ▬ —

134. Deux.

135. $\dfrac{3}{4}$ ♪ ♪ ♪ —

CHAPITRE V

TON

136. Deux.

137. L'un chromatique, l'autre diatonique.

138. *a.* Un demi-ton diatonique. — *b.* Un ton.

139. *a.* Un demi-ton chromatique. — *b.* Un demi-ton diatonique.

140. **Sol** ♮.

141. **Ré Mi** ♭. — **Sol** ♯ **La**. — **Mi Fa**, etc...

142. **Ut Ut** ♯. — **Sol** ♭ **Sol** ♮. — **La La** ♯, etc...

143. **Mi** ♭.

144. Note chromatique.

145. **La** ♭.

CHAPITRE VI

INTERVALLES

146. Quinte.

147. Quatre.

148. Un intervalle simple, contenant deux degrés différents.

149. Du grave à l'aigu.

150. **Ré La.**

151. **La Fa. — Do La.**

152. 

153.

154. Intervalle composé.

155. *a.* Une 7ᵉ. — *b.* Une 6ᵗᵉ.

156. *a.* La 10ᵉ. — *b.* La 15ᵉ.

157. La 2ᵈᵉ, la 3ᶜᵉ, la 6ᵗᵉ et la 7ᵉ.

158. Quatre.

159. Les intervalles composés portent les mêmes qualifications que les intervalles simples dont ils dérivent.

160. De la 5ᵗᵉ augmentée.

161. *a.* Une 4ᵗᵉ Juste. — *b.* Une 3ᶜᵉ mineure.

162. *a.* **La Si.** — *b.* **Ut ♯ Ut ♮.**

163. *a.* **La Si** ♭. — *b.* **La Mi.** — *c.* **La Sol** ♯.

164. Seuls, les intervalles simples jusqu'à l'8ᵛᵉ Juste inclusivement peuvent se renverser.

165. *a.* Une tierce mineure. — *b.* Une 5te Juste. — *c.* Une 7e Majeure. — *d.* Une 4te augmentée. — *e.* Une 6te diminuée.

166. Oui, puisque les intervalles sont conjoints jusqu'à la 2de Majeure inclusivement.

167. La 3^ce mineure est un intervalle disjoint.

CHAPITRE VII

TONALITÉ

168. Non, entre certains degrés il y a l'espace d'un ton et entre certains autres l'espace d'un demi-ton.

169. Oui, pour le ton d'**Ut**, les notes dans le ton pouvant ne pas se suivre conjointement; non pour la gamme d'**Ut**, les notes dans la gamme devant toujours se suivre conjointement.

170. Sa fonction ou sa place dans la gamme.

171. *a.* Sous-dominante. — *b.* Note sensible. — *c.* Médiante.

172. **Do** ♯.

173. **Do.**

174. **Si.**

175. **Do.**

176. *a.* **Mi.** — *b.* **Sol** ♯. — *c.* **Do** ♯. — *d.* **Si.**

177. **Si** Majeur. — **Mi** ♭ Majeur.

178. Sous-dominante.

179. En **Do** Majeur.

180. Oui, puisqu'on peut établir une gamme sur une tonique quelconque.

181. *a.* **Ré** Majeur. — *b.* **Si** Majeur.

182. Les tons Majeurs de : **Fa, Si** ♭, **Mi** ♭, **La** ♭, **Ré** ♭, **Sol** ♭, **Ut** ♭.

183. **Sol** ♯ **La** — **Ré** ♯ **Mi**.

184. *a.* **Mi.** — *b.* **Mi** ♭.

185. **Do** ♯.

186. **Ré** ♭.

187. *a.* 3 ♯. — *b.* 2 ♯. — *c.* 6 ♯. — *d.* 4 ♯. — *e* Rien.

188. *a.* En **Si** Majeur. — *b.* En **Ut** ♯ Majeur. — *c.* En **Sol** Majeur.

189. *a.* 1 ♭. — *b.* 4 ♭. — *c.* 7 ♭. — *d.* 2 ♭. — *e.* 5 ♭.

190. *a.* En **Mi** ♭ Majeur. — *b.* En **Sol** ♭ Majeur.

191. **Ut** ♭ Majeur.

CHAPITRE VIII

MODE

192. Deux : la gamme Majeure et la gamme mineure.

193. Du mode mineur.

194. **Ré.**

195. **Mi** ♭.

196. Majeur.

197. **Fa** Majeur et **Fa** mineur.

198. Entre : **Mi Fa.** — **La Si** ♭. — **Do** ♯ **Ré.**

199. En **Sol** Majeur : **Si Do.** — **Fa** ♯ **Sol.** En **Sol** mineur : **La Si** ♭. — **Ré Mi** ♭. — **Fa** ♯ **Sol.**

200. En **Ut** ♯ mineur.

201. Le premier, le deuxième, le quatrième, le cinquième et le septième.

202. *a*. Une 4ie Juste. — *b*. Une 4ie Juste.

203. 3 ♯. — **Mi** ♯.

204. En **Do** Majeur et en **Do** ♯ mineur.

205. Ces deux gammes ont toujours une commune armature.

206. A une 3ce mineure supérieure.

207. **Fa** ♯ mineur.

208. **Fa** mineur.

209. **Sol** Majeur.

210. **Fa** Majeur.

211. **Si** mineur.

212. **Sol** ♯ mineur.

213. **Sol** Majeur.

214. **Mi** ♭ Majeur.

215. **Fa** en **Ré** ♭ Majeur, **Si** ♭ en **Sol** mineur.

216. Par la note **Mi** qui est bémolisée en **La** ♭ Majeur et naturelle en **Fa** mineur.

217. **Sol** et **La** Majeurs, **Si**, **Mi** et **Fa** ♯ mineurs.

218. Médiante.

219. Si la modulation est de courte durée, les altérations nouvelles se placent accidentellement devant les notes ; si, au contraire, elle est d'assez longue durée, on écrit en général la nouvelle armature après une double barre.

220.

CHAPITRE IX

ABRÉVIATIONS

221.

222. **C** —

223. Par ce signe : tr 〜〜〜〜〜〜

224. ℁ —

225. Par ce signe : D.C.

DEVOIR-RÉCAPITULATION

226. Sur la première, la deuxième et la cinquième.

227. Vingt-quatre.

228. Un temps.

229. Des intervalles simples.

230. **La La ♯**.

231. Une mesure simple à trois temps, ayant une ♩ comme unité de temps.

232. **La Si** ♭. — **Mi Fa** —

233. La mesure à $\frac{4}{4}$.

234. Une 5te Juste.

235. Par $\frac{3}{8}$.

236. $\frac{2}{1}$ et $\frac{2}{8}$.

237 Des intervalles composés.

238. **Mi** ♭.

239. A trois temps.

240. Sur la cinquième ligne.

241. Six.

242. Devant les notes.

243. Une mesure composée à deux temps, ayant une ♩. comme unité de temps.

244. Une 4ᵗᵉ Juste.

245. **La** ♯ **Si**.

246. La mesure à $\frac{12}{8}$.

247. **Sol La** ♭. — **Do Ré** ♭. — **Mi** ♮ **Fa**.

248. Un intervalle simple, contenant cinq degrés différents.

249. **Ut** ♯ mineur.

250. $\frac{3}{1}$ et $\frac{3}{2}$.

251. Une seule, la —

252. Trois.

253. Un tiers de temps.

254. Oui, le ♮ détruisant l'effet de toute altération.

255. **Ré Si**.

256. Une mesure composée à quatre temps, ayant une ♩. comme unité de temps.

257. **Si** ♭ **Si** ♮.

258. **Fa** ♯ **Sol**. — **Do** ♯ **Ré** ; note sensible : **Do** ♯.

259. Par **C** —

260. Le premier degré de la gamme.

261. Non, les abréviations ne sont employées que pour les chiffres indicateurs des mesures simples.

262. La $\mathcal{9}$:⁴ᵒ —

263. Une.

264. Un temps.

265. Devant les notes.

266. **Ré**♭ Majeur.

267. Une mesure simple à trois temps, ayant une ♩ comme unité de temps.

268. 

269. **Ré ♯ Mi**.

270. **La Si** ♭. — **Mi Fa** ; dominante **Do**.

271. $\dfrac{3}{4}$, $\dfrac{3}{8}$.

272. Par les notes **Mi**♭ et **La** ♭.

273. **Fa ♯ Sol**. — **Si Do**. — **Ré ♯ Mi**.

274. Seulement la mesure à $\dfrac{4}{4}$.

275. La $\mathcal{9}$:³ᵉ et la ⊞²ᵉ —

276. Deux.

277. Un temps.

278. L'altération accidentelle agit sur toutes les notes de même nom, se trouvant après elle dans une même mesure.

279. **La Ré**.

280. $\dfrac{2}{4}$, $\dfrac{3}{4}$, $\dfrac{4}{4}$.

281. **Sol Sol ♯**. — **Sol ♯ La**. — **Sol La ♭**. — **La ♭ La ♮**.

282. **Mi Fa.** — **La Si** ♭. — **Do** ♯ **Ré** ; médiante **Fa**.

283. $\dfrac{6}{8}$, $\dfrac{6}{4}$.

284. **Sol** mineur.

285. Le cinquième degré de la gamme.

286. Par ₵.

287. **Ut.**

288. ٢٧ —

289. Un temps et demi.

290. Ce sont des altérations constitutives.

291. $\dfrac{6}{8}$, $\dfrac{9}{8}$, $\dfrac{12}{8}$.

292. **Sol Sol** ♯. — **Sol La** ♭. — **Sol** ♭ **Sol** ♮. — **Fa** ♯ **Sol.**

293. **Si Fa** ♯.

294. **Fa** ♯ **Sol.** — **Si Do.** — **Ré** ♯ **Mi** ; médiante, **Sol** ; dominante, **Si** ; note sensible, **Ré** ♯.

295. 2 — 3 — 4.

296. **Mi** Majeur.

297. Une 2de augmentée.

298. **Do** ♯ **Ré.** — **Fa** ♯ **Sol.** — **La** ♯ **Si.**

299. $\dfrac{12}{2}$, $\dfrac{12}{4}$, $\dfrac{12}{16}$.

300. A une 3^{ce} mineure inférieure.

301. Sixte.

302. **Ré** mineur.

303. La 𝄞 2^{c} et la 𝄢 2^{c} —

304. Trois quarts de temps.

305. Quatre.

306. Le 7. —

307.

308. $\dfrac{6}{16}, \dfrac{9}{16}, \dfrac{12}{16}$.

309. **Si ♭ Si ♮. — Si ♭ Do ♭. — Si ♭ Si ♭. — La Si ♭.**

310. **Sol ♯.**

311. Aucune.

312. La o —

313. Un intervalle composé contenant onze degrés différents.

314. **Ré Mi ♭. — La Si ♭.**

315. Non, car ce n'est pas une altération constitutive.

316. **Si ♮ —**

317. Cinq ♯ : **Fa, Do, Sol, Ré, La.**

318. En **La ♭** Majeur ou en **La** mineur.

319. Une 6ᵗᵉ mineure.

320. 4 ♭.

321. Dans les tons voisins.

322. A une 3ᶜᵉ Majeure supérieure, en Majeur ; à une 3ᶜᵉ mineure supérieure en mineur.

323. Devant le 7ᵉ degré.

324. La ◗ —

325. En Majeur, **La ♯**; en mineur, **Fa ✕**.

FIN DU SECOND LIVRE.

EXTRAIT DU CATALOGUE
MACKAR & NOËL

ÉDITEURS-COMMISSIONNAIRES

Paris, 22, passage des Panoramas (G^de galerie), Paris.

Propriétaires des **Archives du Piano**, de la **Méthode A. Le Carpentier**, des œuvres de **Tschaïkowsky, Gottschalk, Rubinstein**, etc.

OUVRAGES D'ENSEIGNEMENT

ADOPTÉS PAR LES CONSERVATOIRES

(F.) Facile. — (M. D.) Moyenne difficulté. — (D.) Difficile. — (T. D.) Très difficile.

Aulagnier (A.). A. B. C. de l'Harmonie... ....*net.* 3 »

Cahen (E.). Études de salon. *M.D.* 10 »

Chauvet (A.). Quinze études préparatoires à Bach. *M.D.*... 10 »

Cuelenaere. Méthode pour apprendre à solfier simultanément dans toutes les clés... ....*net.* 2 »

Decombes (E.). Gammes en tierces................. 5 »

— Trente-six solos extraits des concertos des maîtres. *D.* Chaque.............. 5 »

Delaborde. Douze petits préludes servant d'études pour la lecture. *M.D.* Chaque. 5 »

Donne (L.). Théorie musicale ; cours élémentaire ; questionnaire...........*net.* » 75

— Réponses.............*net.* » 75

Durand (E.). Solfège élémentaire et progressif avec accompagnement de piano. (Inscrit sur la liste des ouvrages fournis gratuitement par la Ville de Paris à ses écoles communales)..............*net.* 6 »

— — cartonnage ....*net.* » 30

— Le même sans accompagnement ....*net.* 2 »

— — cartonnage ....*net.* » 25

— Questionnaire, marchant parallèlement avec le solfège précédent...........*net.* » 50

— Leçons de solfège pour les voix graves d'enfant correspondant aux exercices du même solfège....*net.* 1 »

— Solfège à deux voix égales (clé de *sol*) élémentaire et progressif avec accompagnement de piano.. *net.* 6 »

— — cartonnage ....*net.* » 30

— Le même sans accompagnement ....*net.* 2 50

— — cartonnage ...*net.* » 25

Durand (E.). Solfège mélodique et progressif pour l'étude des trois clés d'*ut* usitées, avec accompagnement de piano, faisant suite au solfège élémentaire......*net*. 6 »
— — cartonnage....*net*. » 30
— Le même, sans accompagnement................*net*. 2 »
— — cartonnage....*net*. » 25
— Traité de transposition au piano (théorique et pratique)............*net*. 5 »

Duvernoy (H.). Trente-six leçons de solfège à changements de clés avec accompagnement de piano..... 30 »

Hilman (Van). A. B. C. du piano, petite méthode écrite en gros caractères.......... 6 »

Kelly (J.-O.). Vingt-cinq études récréatives très chantantes : premier cahier. *F*... 15 »
— Vingt-cinq études de mécanisme et de style : deuxième cahier faisant suite au premier. *M.D*.............. 15 »

Lack (Th.). La Légèreté, études du mécanisme. *M.D*..... 12 »
— Douze études élégantes. *D*.. 15 »
— Études de Bravoure. *T.D*... 25 »

Lacout. Petite vélocité. *F*....... 12 »

Lavignac (A.). École de la pédale du piano, suivie de douze études spéciales. *D*...*net*. 15 »
— Dix préludes réunis. *M.D*.*net*. 10 »

Le Carpentier. Méthode de piano pour les enfants (51ᵉ édition)............. 12 »
— Gammes extraites de la méthode.............. 5 »

Marty (A.). L'Art de la Pédale du Grand Orgue (A César Franck)............*net*. 5 »

Maury (Renaud). Leçons de solfège à changement de clés composées pour les examens supérieurs de chant de la Ville de Paris...............*net*.

— Solfège manuscrit à changements de clés, dédié à Ambroise Thomas....*net* 6 »

Muller (L.). Dix préludes impromptus............... 7 50

Pfeiffer. Gammes. Doigtés simplifiés des gammes en tierces diatoniques et chromatiques,............. 5 »
— Six études. *D*.......*net*. 6 »

Roques (E.). Études mélodiques en octaves............. 10 »

Rougnon (P.). Quarante leçons de solfège à changements de clés progressives et manuscrites. Volume préparatoire aux examens et aux concours des conservatoires et de la Ville de Paris. *M.D*.......*net*. 6 »
— Solfège manuscrit (Premier volume). *D*.......*net*. 5 »
— (Deuxième vol.). *D.net*. 6 »
— Quinze études de style et de mécanisme............. 10 »

Rubinstein (A.). Six études (op. 23)............. 20 »

Sieg (C.). Op. 41. Gammes harmoniques ou gammes par accords. (Ouvrage adopté par les écoles normales). 5ᵉ édition............. 2 »

Simon (M.). Exercices d'articulation vocale pour solfier avec clarté et rapidité. *net*. 1 50
— Cours élémentaire, théorique et pratique des principes de la musique.......*net*. 1 »
— Corrigé des devoirs du cours élémentaire théorique et pratique des principes de la musique.......*net*. » 50
— Cours complet, théorique et pratique des principes de la musique.......*net*. 5 »
— Réponse au questionnaire-application du cours complet des principes de la musique.......*net*. 2 50